DINOSAURES ÉTONNANTS
LIVRE DE COLORIAGE

CE LIVRE APPARTIENT À

____

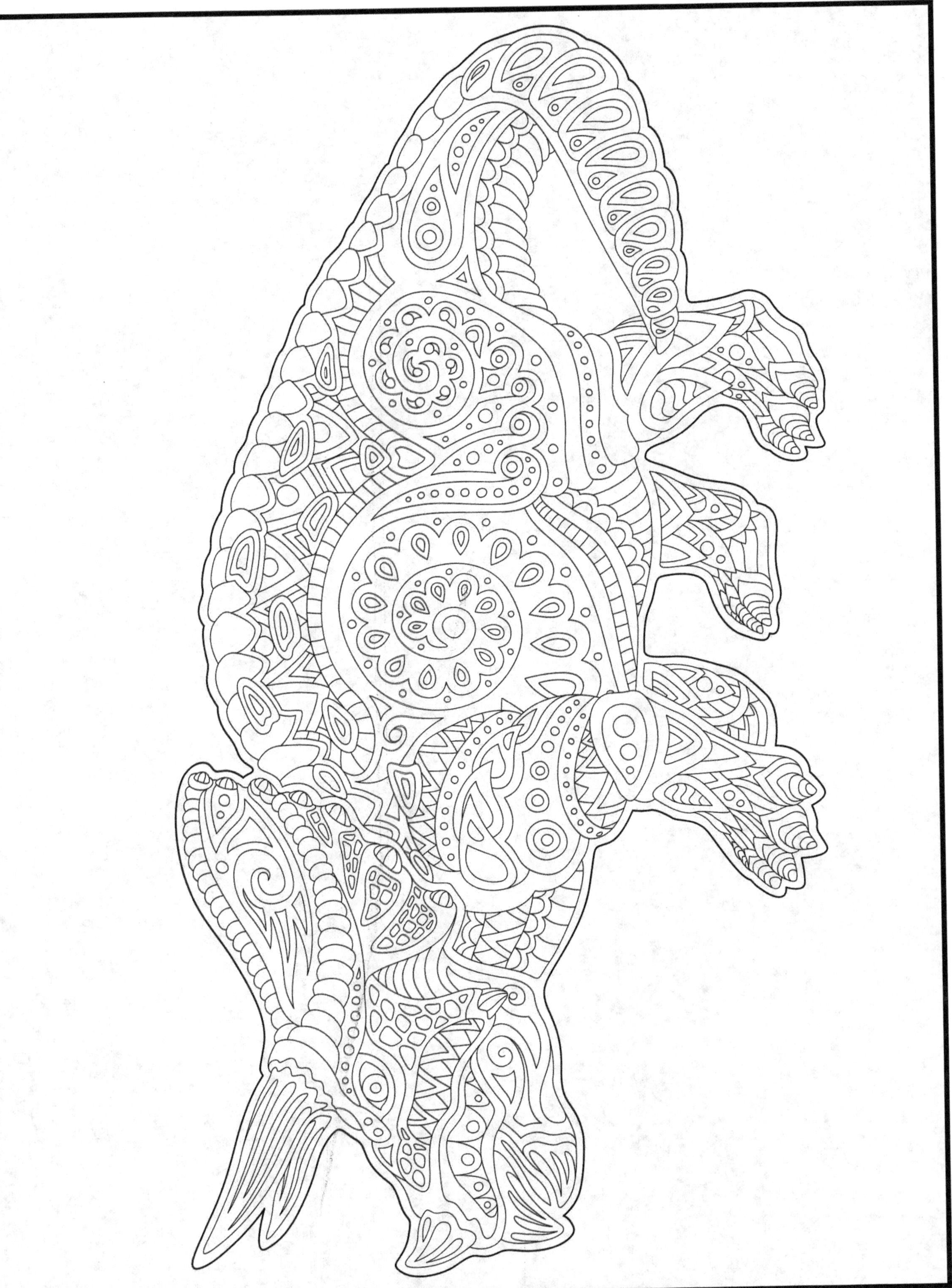

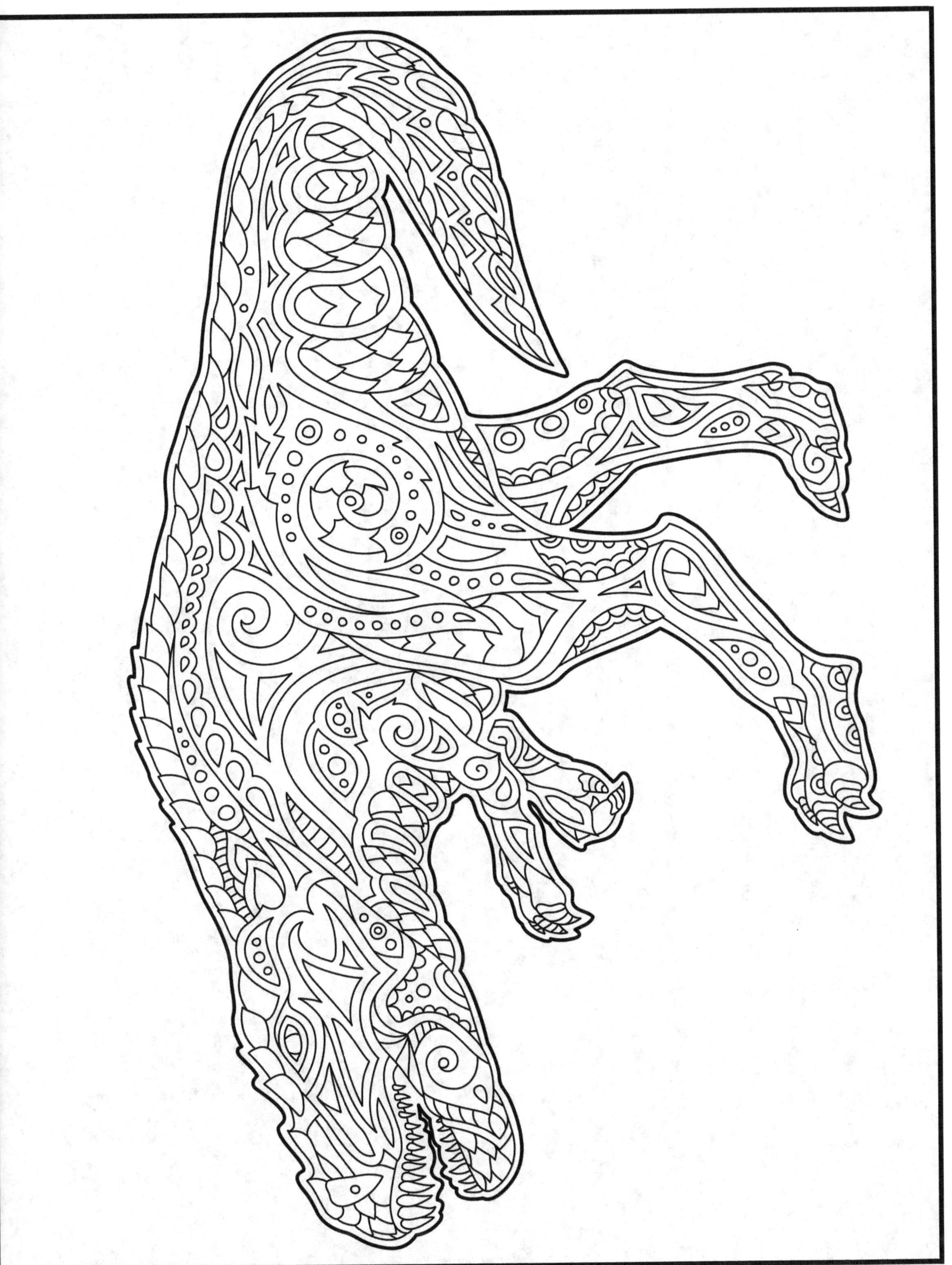

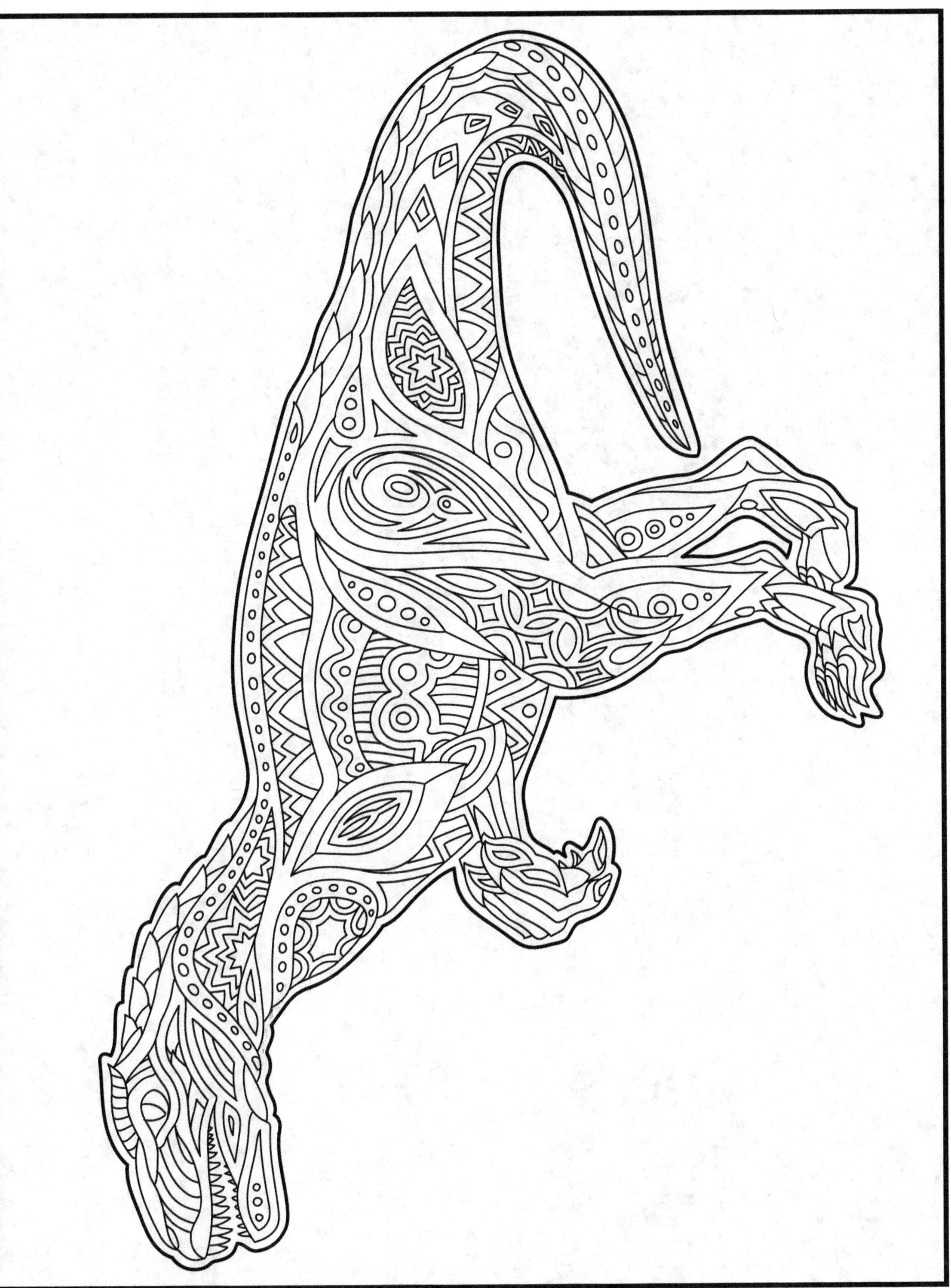

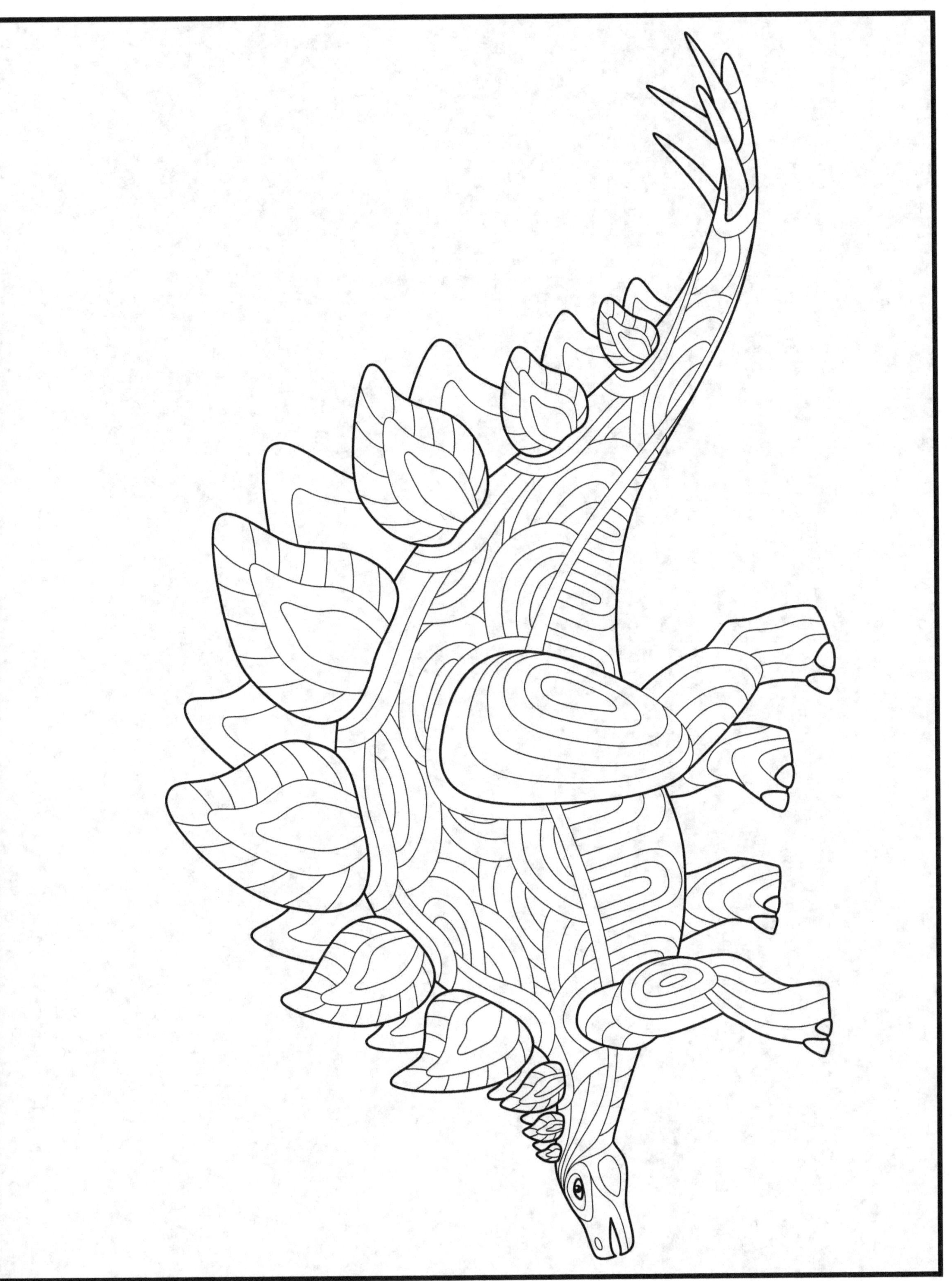

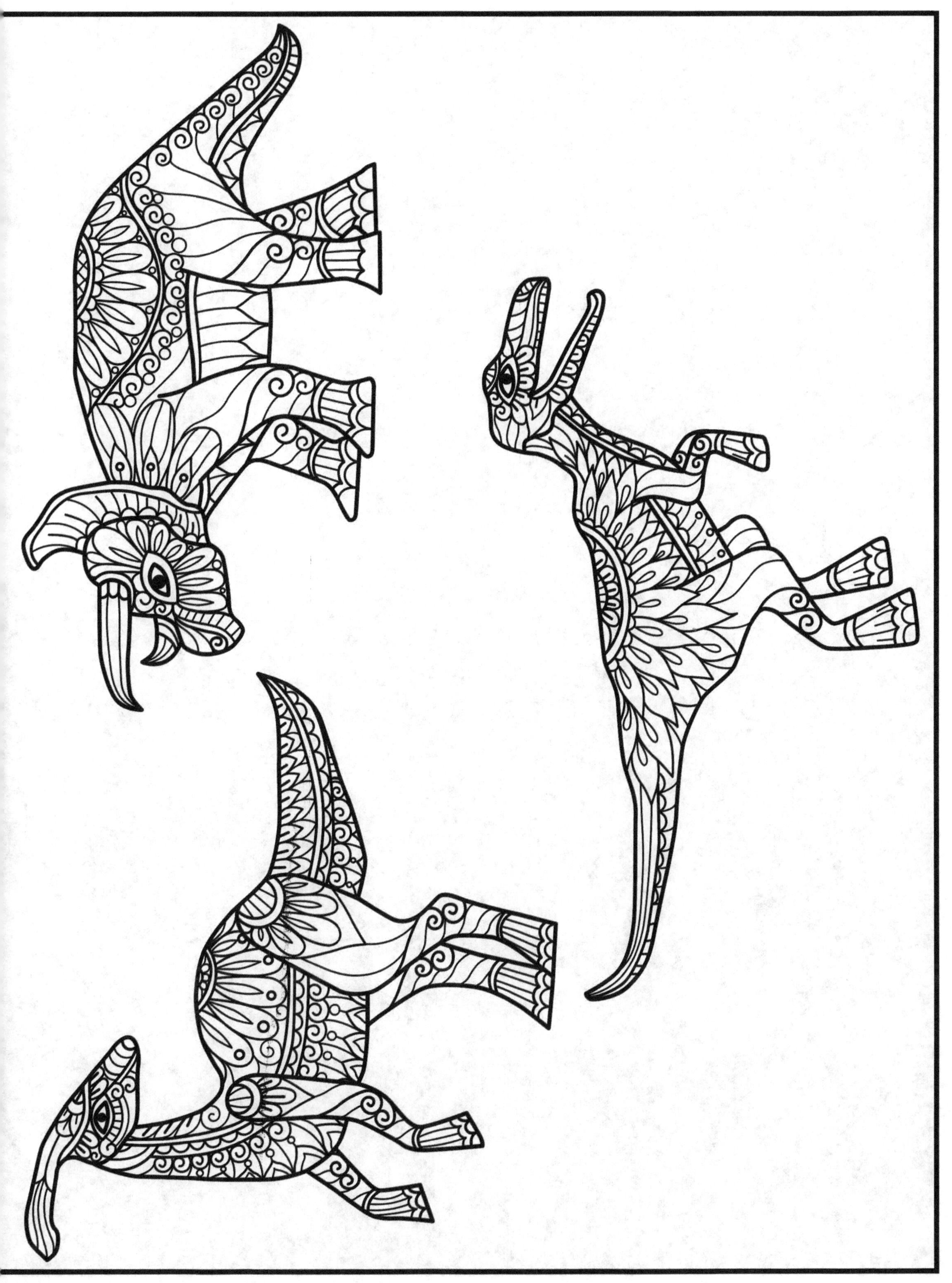

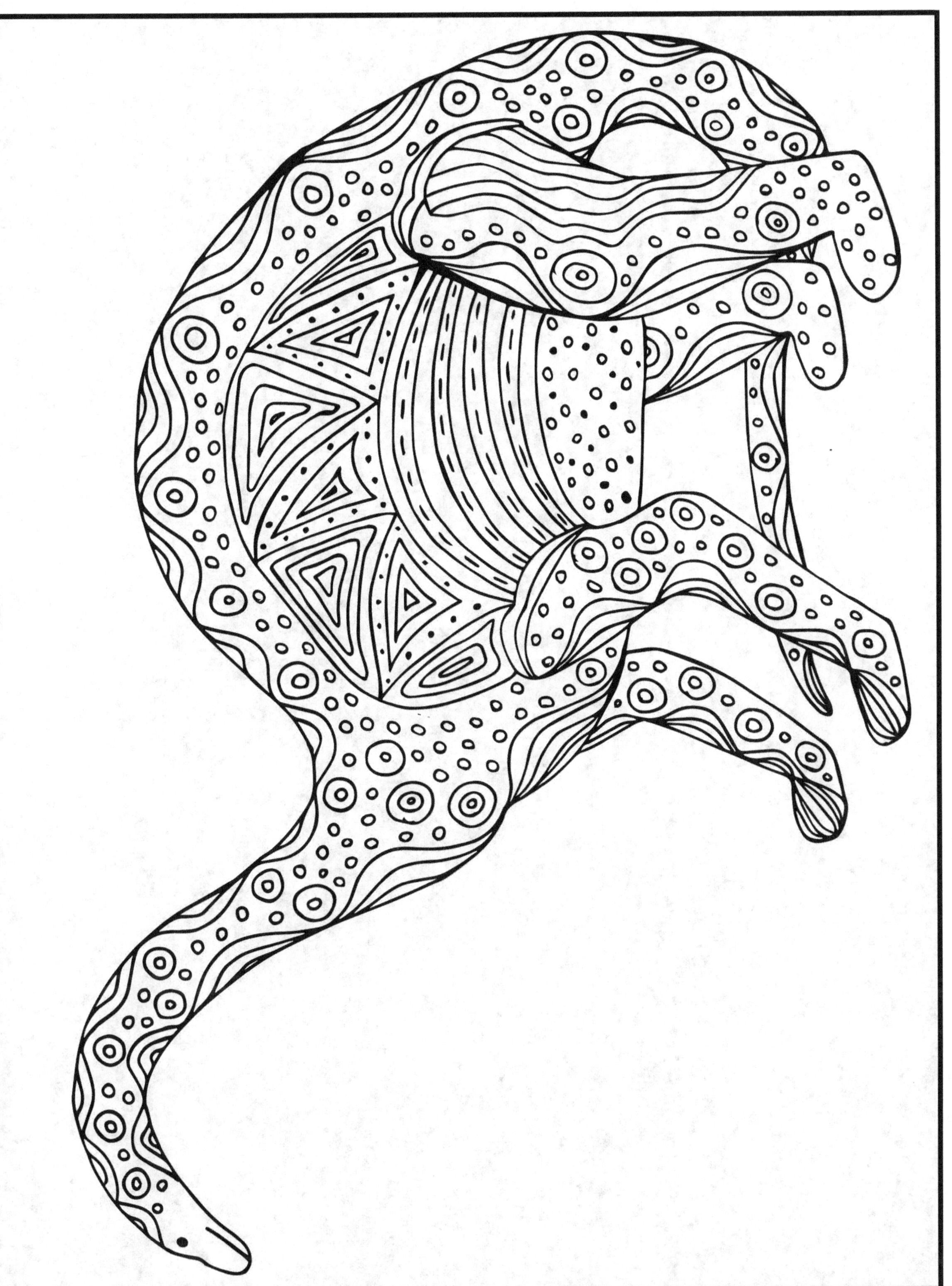

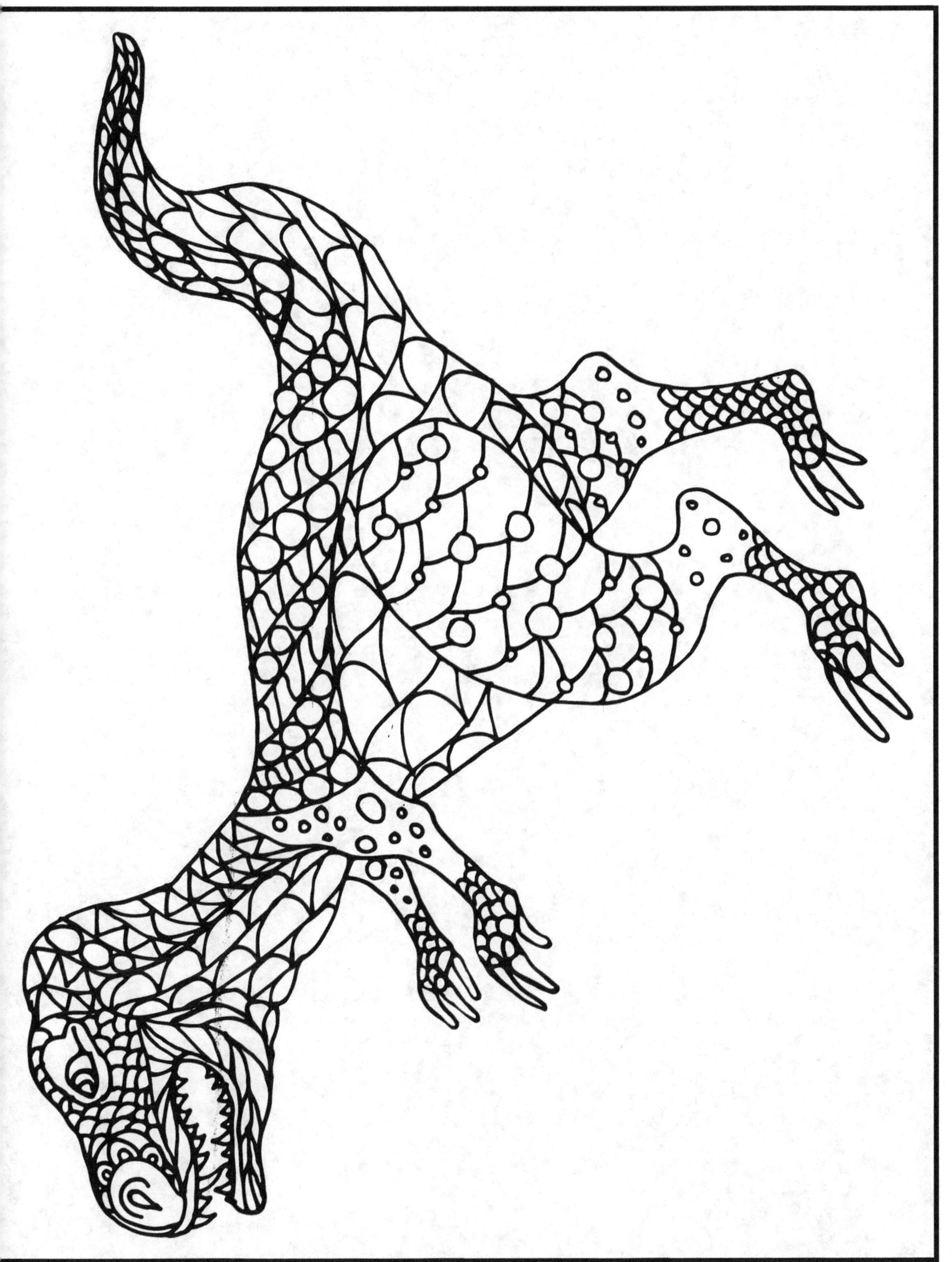

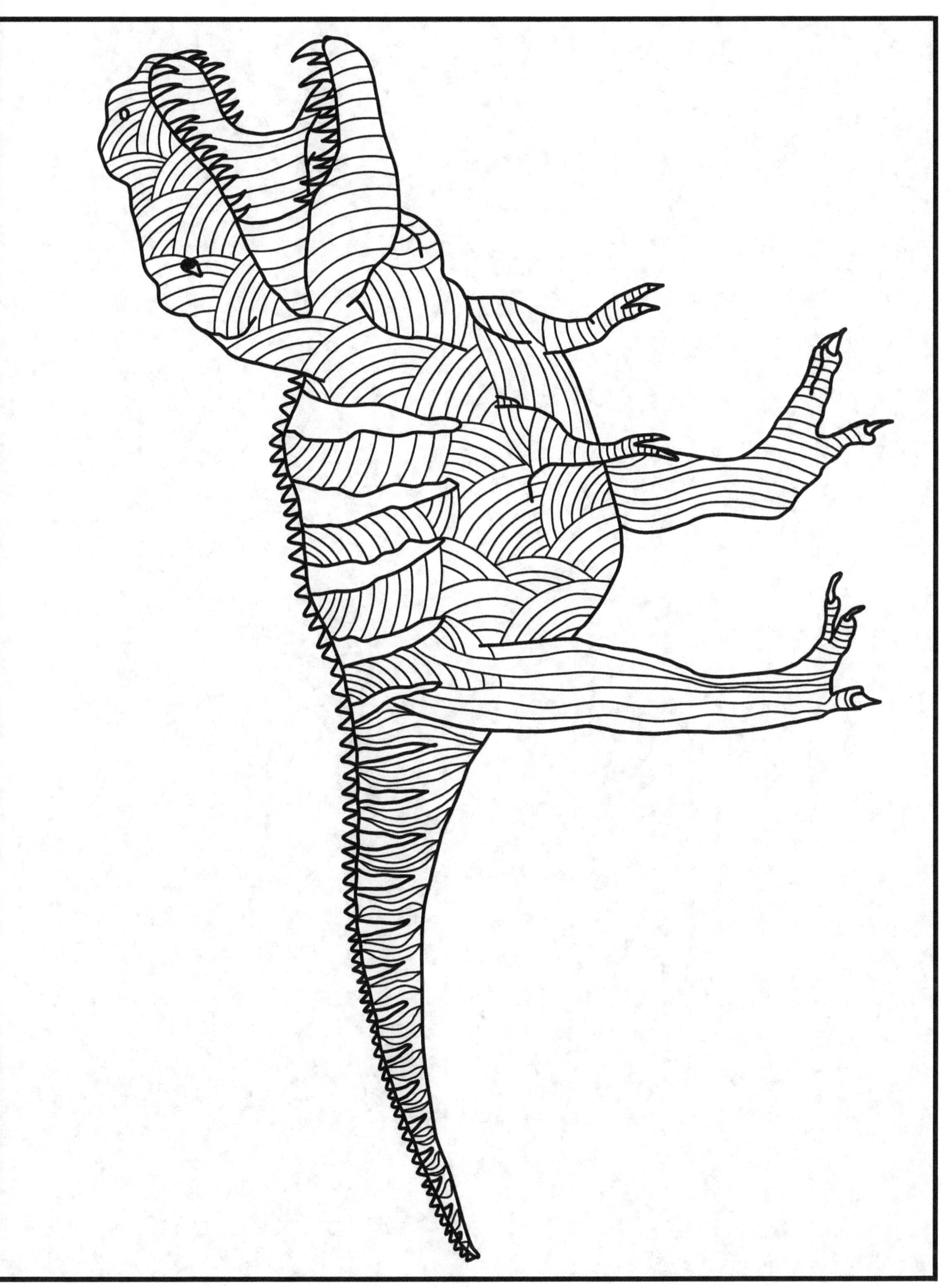

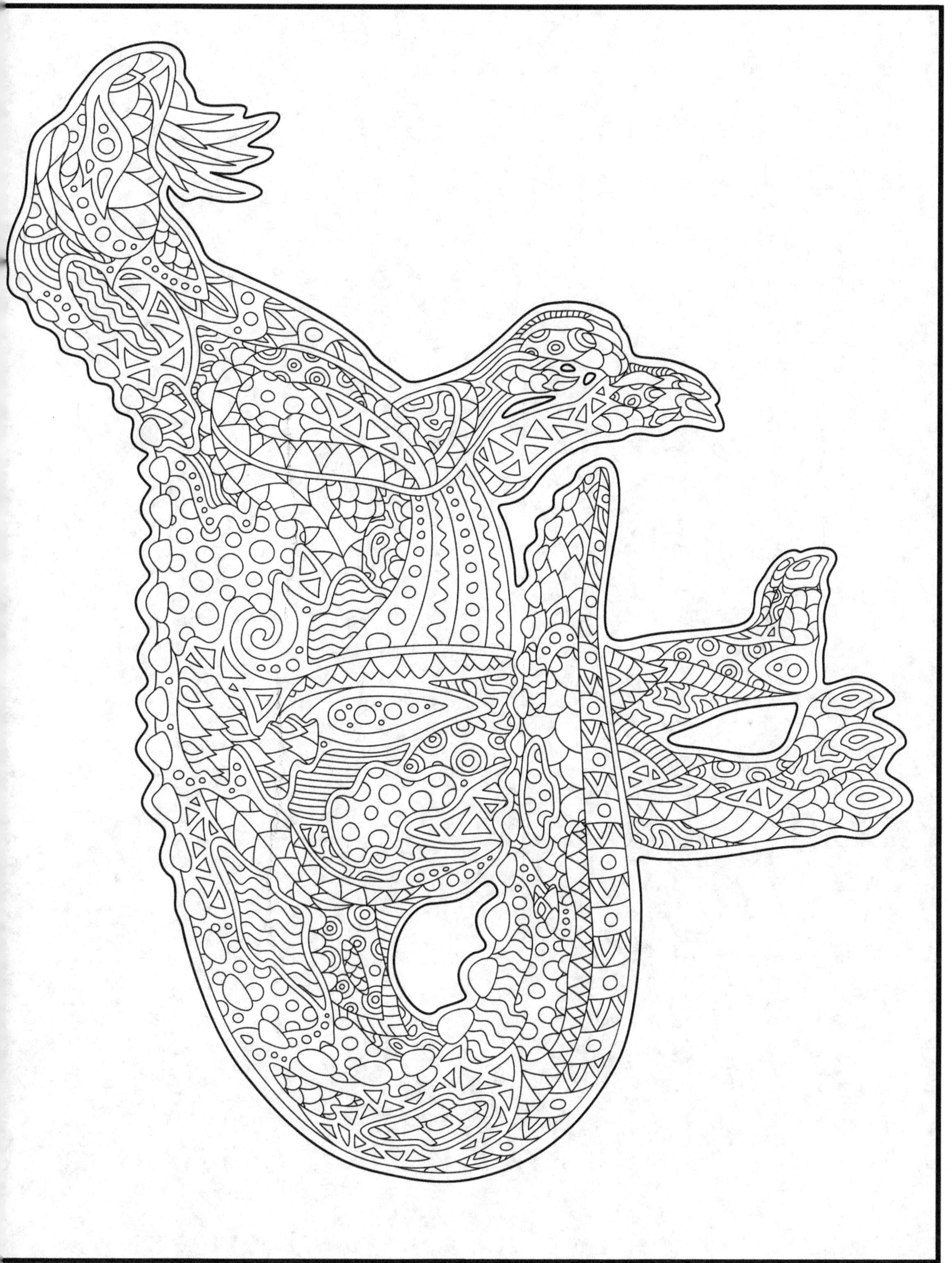

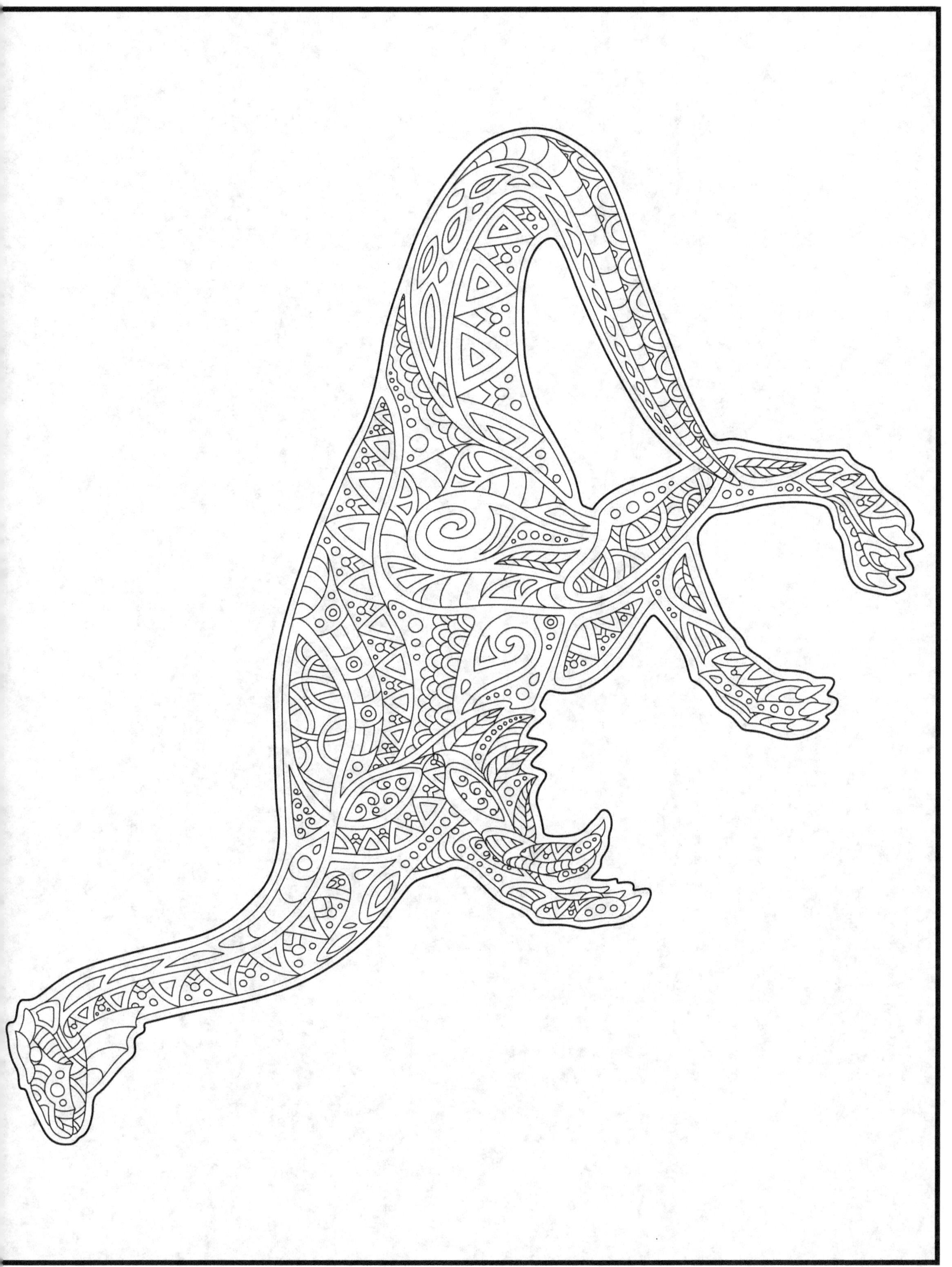

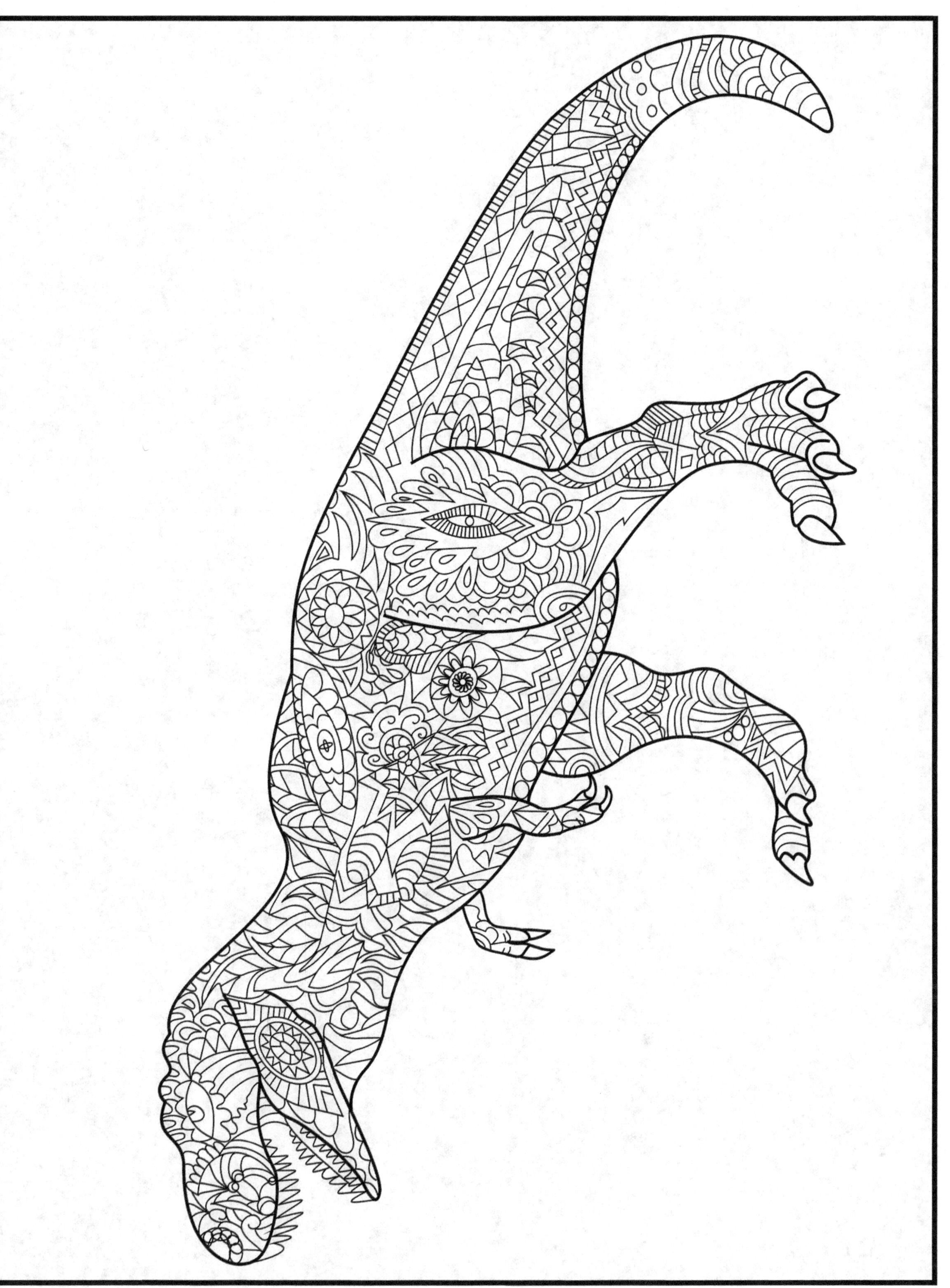

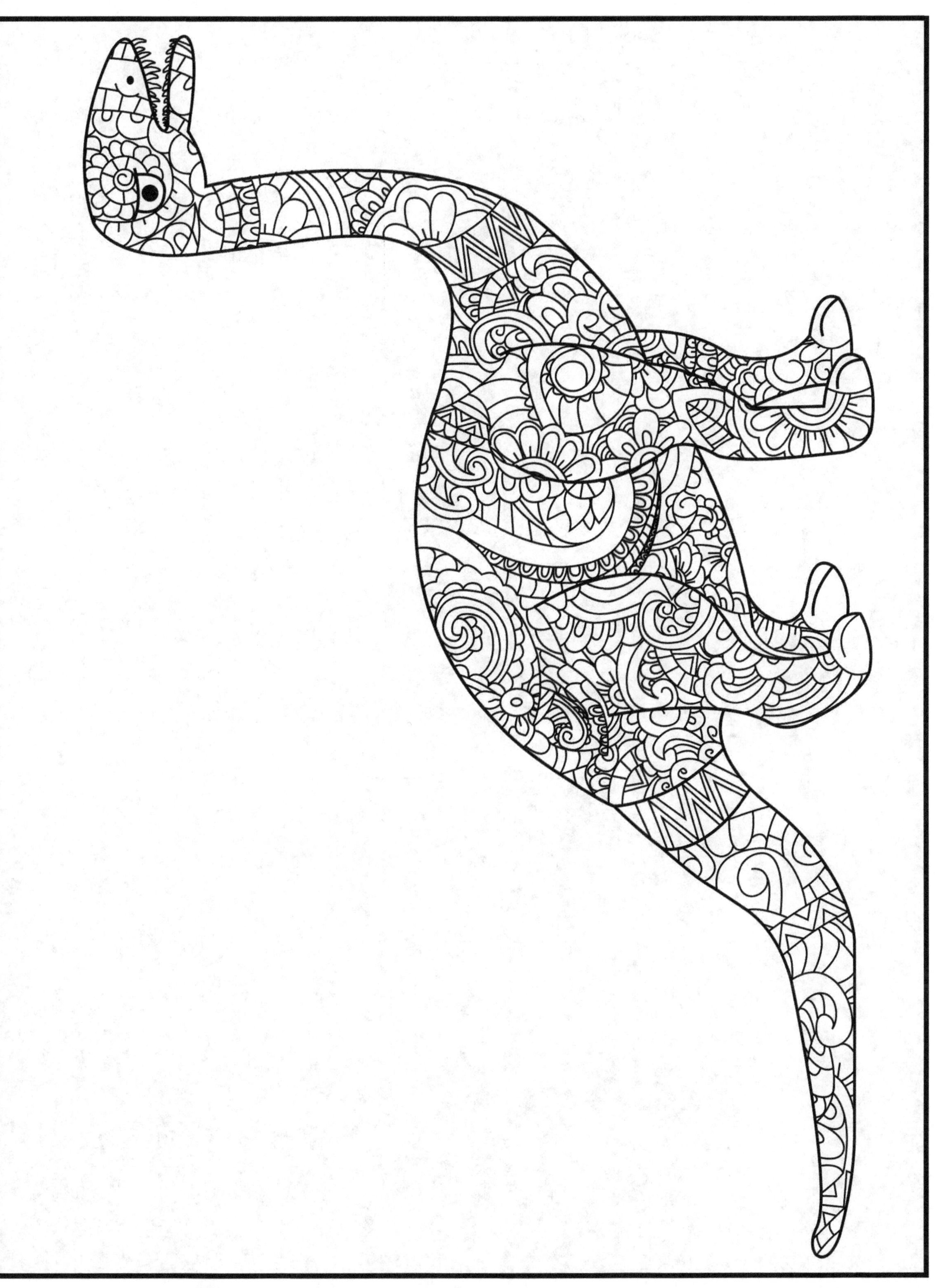

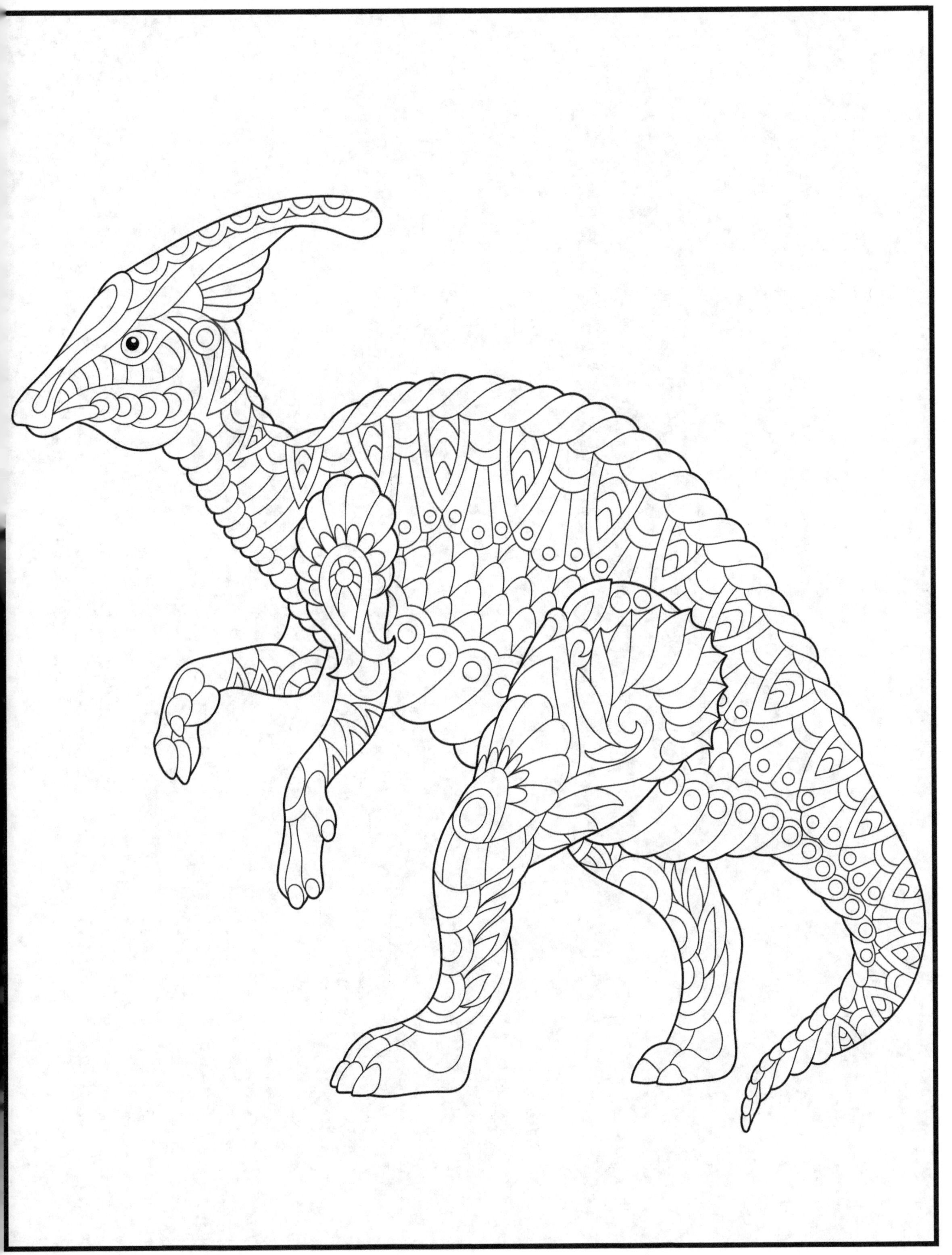

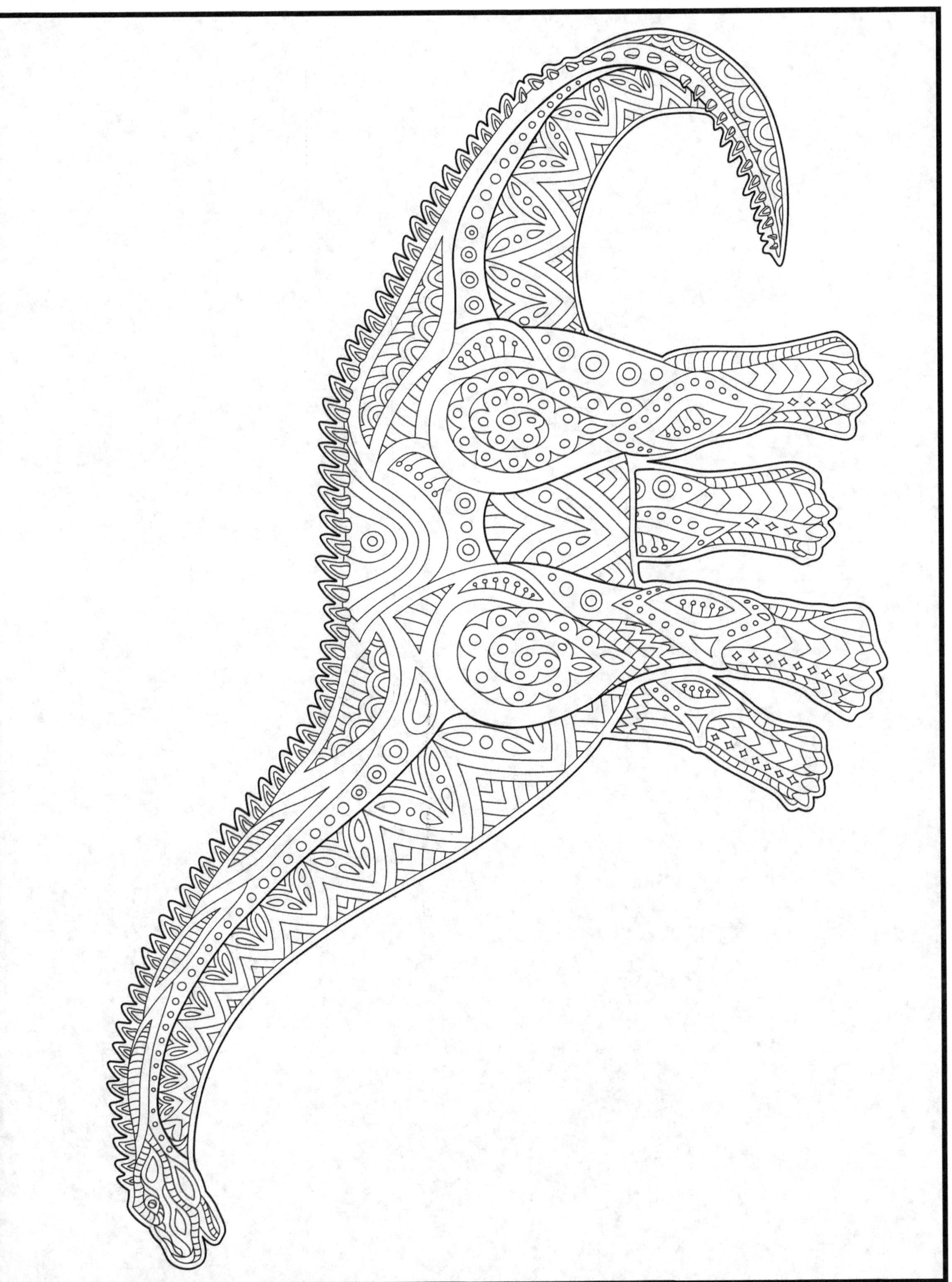